Anonymous

Sendbrief in Form einer Supplikation an die Königliche Majestät in Hispanien

Im Namen und von wegen der Stände

Anonymous

Sendbrief in Form einer Supplikation an die Königliche Majestät in Hispanien
Im Namen und von wegen der Stände

ISBN/EAN: 9783743671416

Hergestellt in Europa, USA, Kanada, Australien, Japan

Cover: Foto ©ninafisch / pixelio.de

Weitere Bücher finden Sie auf **www.hansebooks.com**

Sendbrieff in Form einer
SVPPLICATION.

An die Königlich Ma-
jestät in Hispanien/in Namen/vnd von
wegen der Stände/ Ritterschafft/ vnd Vnder-
thanen/in Holland/ Seeland/vnd andern Niderlanden/die
bißhero von dem Hertzogen von Alba/ vnd seinen Spaniern
jämmerlich verfolget/ vntergedruckt/ vnd mit viel vnerhörter Tyranney/wider all recht vnd billigkeit/ vnd jre habende Priuilegien / vnd Freyheit betranget
worden/vnnd noch täglich ohn
auffhören betranget
werden.

Darinn der rechte vrsprung vnd an-
fang/woher die bißher verloffene vnruhe vnd
entpörung / in den Niderlanden entstanden / mit grund
der Warheit erzelet wirdt/damit jre Maiestät dieselbige desto besser abzuschaffen vrsach
habe/:c.

Psalm. 82.
Schaffet Recht den Elenden vnd den Waysen/helffet
den Elenden vnd Dürfftigen zum Rechten.
Errettet den Geringen vnd Armen / vnd erlöset jhn
auß der Gottlosen Gewalt.

Gnädigster Herr.

SO offt Ewer Majestät betrübte vnnd hochbeträngte Vnderthanen/in allem vnderthänigstem gehorsam eingedenck sein/was sonderlich angeborner Gnade/Miltigkeit/vnd Vätterlicher zuneigung/sie je vnd allweg so bald dieselbige auß schickung Gottes des Allmächtigen in die Regierung getretten/zu diesen jhren Erblanden/getragen vnd derselbigen wolfahrt vnnd auffnemmen gnädigst befürdert/ So offt haben sie ein hertzliche vnderthänigste hoffnung/vngezweiffelte zuuersicht/vnnd vertrawen gehabt/E.Maiestät würde sich zum theil/vnser stättigs flehe/klagen vn schreyen: Zum theil vieler Christlicher Potentaten fürbittlich schreiben/von wegē vnserer grossen Betrangnuß/eussersten Elend/ Jammer vnnd Verderben/darein wir durch den grossen gewalt/mutwillen vnnd Gottloser Regierung des Hertzogen von Alba sein gerahten/Gnädigst zu mitleiden bewegē/Vnd solches vnser Elend mit Vätterlichen Augen der Barmhertzigkeit ansehen/noch vns also gantz vnnd gar vertilgen/vnd mit grossem Tyrannischem gewalt verderben lassen/Sonder von diesen E.Mait. Erbländern/welche derselbigen Vorfahren so trew dienst vnnd gehorsam bewiesen/allen vnraht abschaffen/Sintemal E.Mait. nit mehr verborgen sein kan/ wie dieser Hertzog von Alba vnter dem schein eines angemassten eiffers zu der Römischen Religion/vnnd vnter E.Maie. Namen/durch seine vnmenschliche Tyranney/mutwillen vñ gewalt anfänglich nichts anders gesucht/vnnd hernach inns werck gericht/daß daß diser E.Mait.Erbländer/Recht/Priuilegien

A ij

uilegien vnnd Freyheiten/welche E. Mait. vnnd derselbigen hochlöblichster Gedächtnuß Vorfahren/stett/fest/vnd vnuerbrochen zuhalten zugesagt vnnd geschworen/geschwecht/vernicht/ja auch gantz vnter die Füß getretten wurden/Daher er E. Mait. getrewe Vnderthanen/an Leib vnd Gut/mit verderbung vnd vntergang des gantzen Landes/angegrieffen/vnd zum eussersten verfolget/nicht anderst als ob er E. Malestät/vnd dieser jrer Erblanden abgesagter offentlicher Feind were.

In solcher stättigen vnderthänigsten zuuersicht/vnnd hoffnung/haben wir auff E. Mait. hülff vnd erledigung mit grosser begierde/ein hefftiges verlangen gehabt/vnd vns als gehorsame Vnderthanen endtlich versehen/E. Mait. würde ein zeitliches einsehen gehabt/vnnd durch gute heilsame mittel/als ein trewer Statthalter/vnd Handhaber der Gerechtigkeit/Hirt vnd Vatter/sein Volck vnd Vnderthanen/von dem allerhöchsten König aller König zu Handhabung vnnd schutz geordnet/solchen vnrechtmässigen gewalt abgeschafft/Darneben auch die vielfältige trewe Dienst/so diese Land E. Mait. vnd derselbigen hochlöblichen Vorfaren mit darstreckung alles jres vermögens/jedezeit erwiesen haben/gnädigst eingedenck gewesen seyen/Vngeachtet aber/daß wir mit vnserm eussersten verderben leider vermercken vnd im werck erfahren/daß nicht allein alle vnsere Supplicationes/flehen vnd klagen/in Wind geschlagen/Sonder auch vieler andern Fürsten vnd Potentaten ansuchen/vnerheblich/vnnd nichts gelten wollen. So trösten wir vns doch vnser vnschuld/vnd sind in vnserm Gewissen versichert/daß E. Mait. kein redliche rechtmässige vrsach haben/sich gegen vns/mit solchen vngnaden vnd ernst vermercken zulassen/vnd also seine huld von
vns

vns betrübten vnd elenden Vnderthanen/gäntzlich abzuwenden. Wie dann dieses alles von vnsern mißgönstigen/die viel mehr auff jhren eigen nutz/dann E.Mait. wolfart geflieſſen ſeyen/herkommet/die sich vorlängeſt bemühet haben/dieſe Land in vngnad/vnd in gegenwertigen laſt zubringen/ Diſe/damit ſie jhren böſen fürſatz deſto eher vollführen möchten/sind vns je vnnd allweg im weg gelegen/vnd verhindert/daß vnſere vnderthänigſte Supplicationes/Anligen vñ warnungen E.Mait. verhalten ſind worden. Hergegen aber haben ſie alles das jenig/ſo in dieſen Landen guter wolmeinung gehandelt vnd geſchehen/auff das ärgſte außgelegt/vnd bey E. Mait. vns fälſchlich angeben/vnnd verdächtig gemacht/nur darumb/daß ſie vneinigkeit/zweyſpalt/vnd Auffruhr/vnter E. Mait. gehorſamen Vnderthanen erregten/dardurch ſie gelegenheit hetten/dieſelbige vnter E.Mait. Namen zuüberfallen/vnd mit jrem Gut vnnd Blut/jhre Rach/Blut/vnnd Geltgirigs Hertz/vnd Gemüt erſättigen.

Dieſes/aller gnädigſter König vnnd Herr/haben wir für vnſer höchſtes anligen/elend vnd jammer gehalten/müſſen es auch noch darfür halten/Denn was hett vns beſchwerlicher widerfahren können/denn daß vns der weg vnd zutritt/zu vnſer von Gott geordneten Obrigkeit/Als nemlich zu E. Mait. von welcher wir alle vnſere zeitliche zuflucht/troſt/hülff/vnd ſchutz zugewarten/vnſere tringende not vnd kummer zuklagen vnd fürzubringen/durch vnſerer Feind vnnd Mißgönner böſe Practicken/Gewalt vnd Tyranney(welchs doch gegen den vnuernünfftigen Thieren zuuiel were) verbotten/entnommen/vnd gäntzlich verſchloſſen iſt.

Ob wir nun wol ein zeitlang entſchloſſen/vnd der meinung geweſen/mit gedult vnd ſanfftmut dieſes zuuertragen/

A iij vnd der

end der zeit vnd stund zuerwarten/biß sich mit E. Mait. gelegenheit zutrüge / daß sie das jenig sehen vnnd hören möchte/ welches jetz vnd durch vnserer Mißgönner geschwinde verbitterte Practicken E. Mait. tunckel vnnd verborgen bleibet/ Jedoch/vnd dieweil wir vermercken/daß wir je lenger je mehr mit vnträglichen Bürden vnnd Last beschwert / welche nicht allein zu vnserm endtlichen verderben erdacht / sondern auch zu vntergang dieser E. Mait. Erblanden (welche vnlangest/ wie kundt vnnd offenbar/in grossem glück vnnd auffnemmen gestanden)gericht seyen. So werden wir von wegen vnserer pflicht vnd vnderthänigsten gehorsamlicher wolmeinung (die wir E. Mait. vnd vnserm lieben Vatterland/ biß in den Todt zuleisten/ willig/ vnnd darinn zuuerharren vhrbütig sein)getrungen/noch/vnd abermals auff ein newes mit dieser vnderthänigsten Supplication vnd Klagschrifft E. Mait. zuersuchen/in gleicher vnderthänigkeit bittende/ E. Mait. wolle die warhafftigen vrsachen/von/vnd durch wen dieser Jammer/ Elend vnnd Vnruhe in derselbigen Erbländern entstanden/ gnädigst anhören/ vnd E. Mait. angeborne Güte vnd Mitligkeit/ in erhaltung vnd beschützung der Gerechtigkeit/ vber vns walten lassen/ damit einmal diese E. Mait. Länder von gegenwertigem gewalt/ vberfall/ auch entlichen vntergang errettet/vnd erlöset werden.

Anfänglich wölle sich Ewer Maiestät gnädigst erinnern vnnd bedencken/ daß diese Ewerer Maiestät Erbländer vor Jaren vnderschiedliche Herren vnnd Regenten gehabt/ vnnd abgetheilet gewesen / welche hernach durch Heyraht/ vnnd Verträg zu dem Hauß Burgundt/ vnnd also vnter ein Haupt kommen/ von dem sie nachmals durch Heyraht auff das hochlöblichste Hauß Osterreich/ letzlich auch zu vnsern zeiten

zeiten auff den Großmächtigen König von Hispania/erbͤ
lich deuoluiert/vnnd diesen Potentaten gleichsam vermeh=
let worden. Solches ist aber/so offt sich ein verenderung
zugetragen hat/mit den außdrücklichen Conditionen/Be=
ding/vnnd Vorbehalt geschehen/daß ein jede Prouincia/
oder Landschafft/innsonderheit bey jren alten Policey Ord=
nungen/Rechten/Priuilegien/vnnd Freyheiten bleiben vnd
darbey geschützet vnnd gehandthabt soll werden/ Also/vnnd
der gestalt/ daß kein Prouintz/oder Landt dem andern für=
gezogen/in einander vermischet eingeleibet/oder inn andere
Wege zergentzet noch daruon etwas entzogen/vnnd dem an=
dern zugewendet werden/ Sondern solten mit einander in
einträchtiger Nachbarschafft/ vnd aequalitet vnter einem
Haupt verbunden seyen/gleich als wie viel Kinder/so einen
Vatter haben/in solcher guter vertrewligkeit solten sie jhrer
Herrschafft/hoheit vnnd in gemein/jhr aller wolfahrt/gegen
frembden vnd Außländischen Gewalt schützen vnnd vertheiͤ
digen.

 Hergegen hat sich je vnd allweg dieser Land regierender
Herr/ gleich als ein gemeiner Landuatter/ vnnd zu anzeigen
seiner affection vnnd liebe bald in seiner ankunfft gegen einem
jeden Lande innsonderheit/mit einem Leiblichen Eyd ver=
pflichten müssen/daß er sie bey jhren Rechten vnnd Frey=
heiten/ alten Herkommen vnnd Gewonheiten schützen vnnd
schirmen wolle/vnnd keines wegs nicht gestatten/daß die in
einigerley weiß gemindert oder geschwechet werden. Item/
daß er kein Prouintz oder Landtschafft / inn einen andern
Gerichtszwang ziehen / viel weniger einer andern Iurisdi=
ction vnnd frembden Regierung vnterwerffen wolle las=
sen/ꝛc.

                Auff

VI.

Auff solche vorgehende Verpflichtung/vnd außtrücklichen Conditionen vnd Bedingen/pflegt ein jeglicher regierender Herr von alters hero/vnd noch heutiges tags von diesen Landen an vnd auffgenommen werden/ So dann solches geschehen/als dann wird jm von den Vnderthanen die Huldigung gelaistet.

Dieses aber ist vnuonnöten weitleufftig zuwiderholen/ dieweil E. Mait. zweiffels ohn noch eingedenck seyen/wie sich dißfals Keiser Carl hochlöblichster Gedächtnuß gehalten/ vnd in die Fußstapffen seiner Vorfahren getretten/Auch zu bekennen sich keins wegs geschewet hat/daß durch solche verpflichtung/so der regierende Fürst vnd Herr den Landschafften/vnnd die Landschafften jhrem Herren gegen einander mit einträchtiger Correspondentz zuleisten pflegen/so wol des Herren Hoheit vnnd Authoritet/als der Vnderthanen gehorsam erhalten/vnnd beyder theil wolfahrt darauff gegründet/vnd damit bestättiget werde/Hierauff ist in seiner Mait. Regierung/vnd gegenwertigkeit/auß derselbigen Befelch in der bley oder frölichen Einkunfft E. Mait. anfänglich von den Landschafften/als jrem einigem Erbherren vnd künfftigen Successorn/solche Huldigung geschehen/wie dann folgendes/nachdem jre Keiserliche Mait. in Hispanien geschifft/ vnd E. Mait. in die Regierung koffen/angeregte verpflichtung vnnd huldigung in versamlung der allgemeinen Landstände/widerholet/bekrafftiget vnd bestättigt ist worden/Also/vnd der gestalt sind zu allen zeiten dise E. Mait. Erblande bey iren Priuilegien vnd Freyheiten gelassen/vnd nichts dawider fürgenommen worden/Auß diser löblicher Regierung/ gehorsam vñ trew der Vnderthanen gegen jrer Obrigkeit/ist ein solche einmütige eintrechtigkeit vnd liebe erfolget/daß dise

Länder

Länder von tag zu tag sich gebessert/vnd in allem glück vnnd wolfahrt auffgestiegen /daß jhre Fürsten vnd Herren ein gefallen daran gehabt /vnnd dardurch den Feinden schrecklich worden/vnd denselbigen das Hertz genommen.

Damit wir aber der alten Historien geschweigen/auß denen viel schöner Exempel köndten herfür getragen werden. So wölle E. Mait. gnädigst zu gemüt führen/was sich vnlangest bey zeiten vnd Regierung weiland des hochlöblichsten Keiser Carls/E. Mait. Herrn Vatter zugetragen hat/vnnd wie allergnädigst seine Keiserliche Mait. jhr diese Länder hat lassen befohlen sein/Hergegen auch was getrewen beystandt sie seiner Mait. in jren stättigen Kriegen geleistet/darumb er auch dieselbigen E. Mait. vor seinem abschied so fleissig vnnd trewlich commendiert vnd befohlen hat. Mit was gehorsam vnnd vnderthänigsten Diensten sich auch diese Länder vnnd Vnderthanen/beyde klein vnd groß gegen E. Mait. selbst in allen Kriegen vñ fürfallenden nöten/mit darstreckung Leibs/ Bluts vnd Guts/nach eines jeden Stands vermögen/jedesmals vnuerdrossen/erzeiget/hat die erfahrung zuerkennen geben. Daß es am tag vnd offenbar ist/wie die Herrn vnd die von der Ritterschafft/so wol als die Bürger vnd Landuolck/ sich in E. Mait. Diensten dermassen verhalten/daß E. Mat. jhren Feinden nicht allein widerstandt gethan/sondern auch obgesieget/vnnd die Krieg/Jrrungen vnd Zwispält/darmit E. Mait. vnd derselbigen Vorfahren/so viel Jar hero/beldstiget gewesen/zu glücklichem ende gebracht/Dardurch E. Mait. bey allen Königen vnd Potentaten grosse Ehr/Preiß vnd Lob/erlanget hat.

So nun E. Mait. nach ihrem von Gott hochbegabten verstandt/mit fleiß sich erkündigen/vnd nachgedencken werden

den (welches dann E. Mait. wir betrübte vnd getrewe Vnderthanen demütig bitten) woher die fürgeloffene verenderung auß so grosser wolfahrt/glück vnd einigkeit in ein solche zerrüttung/ Jammer vnnd Auffruhr in disen jetzund elenden Landen/jhren vrsprung vnd anfang haben. Da werden sie augenscheinlich bestnden/daß solches leidiges wesen von niemands anders/dañ auß haß vnd neid etlicher vnruhigen fridhässigen Leut (welche von E. Mait. erhöhet vnd groß gehalten werden/aber doch nichts anderst dichten vnd richten/dann was zu verhinderung der vorigen wolfahrt/damit diese Lande von GOtt begabet gewesen/vnnd zu derselbigen schaden nachtheil vnnd verderben gereicht) anfänglich angetrifelt worden/vnd hernach solches zu exequirn vnd zuuollziehen sich vnterstanden.

Diser haß vnd mißgunst/als er mit vnersätlichem Ehrgeitz/vnd bösen begirden/gleich als ein Zunder in jhrem Hertzen entbraüt ist/hat sie folgend zu allem mutwillen vnd boßheit gereitzet/Also/vnd dermassen/daß sie aller trew vnd wolthaten/die sie von diesen Landen entpfangen/vnd jhnen herwider zuleisten pflichtig gewesen/hindan gesetzt/vnd gäntzlich vergessen haben/Auß diesen vrsachen hat dieser schädlicher Brand vnnd Fewer/mit E. Mait. grossen nachtheil/weiter vmb sich gefressen/welches sie mit wunderbarlichen Practicken/je länger je mehr auffgeblasen/nur darumb/daß sie zu der langgesuchten Praeeminentz vnd Hoheit kommen möchtē/ Dardurch sie allen Landständen/auch wider E. Mait. Willen vñ Befehl/fürgezogen/vñ jres gefallens regieren möchtē.

Als sie aber gantz wol vermercken kondten/wie jnen zu vollziehung dieses jres boßhafftigen Intento/die Priuilegien vnd Freyheiten diser Länder/dergleichen auch die vertrewliche

einmütig-

einmütigkeit zu rettung vnd handhabung derselben / vermög
jhrer pflicht vnnd huldigung im weg lagen / Da haben sie zu
stärckung jres fürsatz / kein bessere mittel wissen herfür zusu-
chen / dann wie sie dises starcke Band zertrennen / vnd von einander reissen möchten / vnd für das beste geachtet / die Herrn
Statthalter vñ Stende / die es mit jrem Vatterland trewlich
meinten / bey E. Mait. zuuerunglimpffen / vñ in einen verdacht
zubringen / gleich als ob sie zu Rebellion vnd entpörung wider
E. Mait. vrsach geben / vnd solche gestercket hetten.

Zu bekräfftigung dieses bößlichen fürhabens / haben etliche Geistliche Personen / jnen vnter dem schein der Religion /
ein grossen anhang bey jres gleichen zumachen / sich insonder-
heit hefftig bemühet / vnd durch jre heimliche geschwinde Practicken vnd anschläg vermeint / diese Land bey E. Mait. in vn-
gnad zubringen / auff daß sie vñ jre Mittgenossen (die doch dem
mehrertheil nit E. Mait. sonder dem Bapst zu Rom / vnd andern Potentaten mit pflichtē zugethan) sich in die Herschafft
diser Landen eintringen / vnd die Regierung jres gefallens ad-
ministrirn / an vnd auff die Außländige transferirn vñ bringen möchten. Dann da sie als geschwinde Weltkinder begun-
ten zumercken / ja auch vor Augen sahen / daß in diesen vnnd
andern Landen der gantzen Christenheit / der hochsträffliche
mißbrauch / deren die sich als Geistliche geweihete Personen
rühmen / von wegen jres Vnuerstands / vnwissenheit / Geitzes
vñ anderer vilfältigen Laster / je länger je mehr offenbar wurde / vnd herfür bräche / Vnd daß fast alle gutherzige Christen
anfiengen ein abschew vñ verdruß zuhaben / daß die / so zu pre-
digen vnnd lehren / das reine wort Gottes / beruffen / auch mit
guten löblichen sitten / vnd vnsträfflichem eusserlichem wan-
del vnd leben / der Christlichen Gemein / in dem Gottesdienst

B ij   in alx.

in aller trew vnnd Thugenden / nach dem Exempel der Propheten vnnd Aposteln / solten vorstehen / an statt desselbigen nicht allein offentlich gegen vnnd wider Gottes Gebott / sondern auch wider alle Decreten vnnd Ordnungen der vorgehenden Bäpst / vnd allen alten Concilien zuentgegen / Letzlich auch wider alle / weyland diser Landschafft / regierenden Fürsten vnd Herrn / Statuta vnd Ordnungen / sich selbst in alle Weltliche vnnd Politische Landtsachen / Ja auch in alle hohe vnd nidrige Obrigkeit / vnterfiengen einzutringen / vnd jhres gefallens zu regieren. Dieses / als sie es nicht länger verhelen kundten / vnnd sich menniglich darob ärgerte / da haben sie zu jhrem Glimpff vnnd Schanddeckel andere falsche rencke vnd behülff erdacht / vnter denen gewesen / daß sie alle getrewe redliche Vnderthanen / die es mit jrem Vatterland gut meineten / so wol in andern Königreichen vnd Fürstenthumben / als in diesen Niderlanden / bey jhrer Obrigkeit mit vielen gefärbten scheinlichen aufflagen / vnnd lästerungen sich vnterfangen / zuuerkleinern / vnnd denselbigen einzubilden / als weren sie zu Vngehorsam / Auffruhr vnnd empörung begirig vnnd geneigt. Hiemit haben sie in allen Landen mißtrawen / vnruhe / zwytracht / Letzlich auch Krieg vnd Blutuergiessen / vnnd allen vnraht erregt vnnd angericht / vnd also durch diese boßhafftige anschläg / sich rein / weiß / vnd ohne mackel brennen wollen / vnnd die Vnderthanen wider die Obrigkeit / hergegen die Obrigkeit wider die Vnderthanen / verreizt / vnnd in Summa alles widersinns / vnd das oben vnten / das vnten oben verkeret / Daher diese grawsame Confusion vnnd zerrütteung entstanden / gar nichts darnach fragend / was vnwiderbrinzlicher schaden darauß herkomme / Sondern allein dahin trachtend / daß sie jhre angemaste Herrschafft vnnd Regierung

gierung möchten stabilieren vnd erhalten/ sich vnd jhren anhang bereichen/ vnnd je länger je höher auffsteigen/ biß sie alles vnter jhre Füsse vnnd Gewalt tretten/ vnnd bringen möchten.

Zu vollziehung dieses jhres Intent vnd Fürsatz/ haben sie die Spanische Inquisition (welche allein wider die Juden vnnd verlaugnete Christen in Hispania anfänglich geordnet ist worden) in diese Land mit gewalt wollen einführen/ vnnd durch solche als ein besonders Instrument/ vnnd mittel/ sich vnterfangen/ alle Landtrecht/ Priuilegien/ Freyheiten/ alte löbliche Herkommen/ alle geschworne Contract vnd Vertrag/ alle Abschied/ Vereinigunge vnd Handlungen/ zu cassiern/ vmbzustossen/ vnd zuuernichten. Dardurch sie jnen eine vollkommene macht zuschreiben/ vnd durch solchs newes Regiment E. Mait. getrewe gehorsame Vnderthanen/ die sich von jrer Erbhuldigung/ so sie E. Mait. geleistet/ nicht treiben/ vnnd keine andere Obrigkeit/ weder Geistlich noch Weltlich erkennen wöllen/ vnter dem schein der Rebellion vnnd Ketzerey/ desto eher möchten stürtzen/ vnd vnter jhre Dienstbarkeit bringen. Auß diesen vrsachen haben sie jre newe Bischoff/ wider alle Landrecht/ geschworne Priuilegia/ vnnd Freyheit/ auch zuuerkleinerung E. Mait. Authoritet/ diesen Landen mit eigenem gewalt auffgetrungen. Auch niemand von wegen seiner Kunst geschicklichkeit/ oder vnsträfflichen Lebens/ sondern den mehrentheil vngeschickte/ vntüchtige Personen/ vnnd die auff jhren mutwillen vnnd freuel abgericht/ vnd denselbigen getrost hülffen fürdern vnnd stärcken/ zu dieser Dignitet erhoben.

Was nun auß diesen bösen tückischen Practicken erfolget ist/ kommet/ GOtt sey lob/ je länger je mehr ans Liecht/

B iij wie

wie dann vor der zeit E. Mait. die H. Statthalter / die Landherren vnnd von der Ritterschafft / vnd auch die Stätt / in jrer vnderthänigsten Supplication außführlich zuerkennen haben geben / Welcher massen E. Mait. Hoheit / Reputation / Authoritet vnd Iurisdiction, durch die angeregte Inquisitores vnnd Bischöffe (als die frembde Einkömling / darzu andern Außländischen verpflicht / vnd jrem fürgeben nach / E. Mait. Iurisdiction nicht vnderworffen seyen) verkleinert / geschwecht / vnd vnter die Füß getretten wurde / Darneben haben auch E. Mait. sie jr / wiewol einfältig / jedoch notwendig bedencken zu gemüt geführet / daß solche newerungen zu verwüstung vnd eussersten verderben / dieser schönen Lande / gerichtet vnd eingeführet würden / Denn wer wolte nicht mercken / daß dieser vermeinte eiffer zu der Religion / nichts anders dann ein gefärbter schein / E. Mait. zuuerblenden / vnnd alle die / so die offentlichen mißbrauch vnd laster der Geistlichen (welche sie selbest nicht mehr verbergen / oder vermänteln können) zu tadeln vnd abzuschaffen / begerten zu dempffen vnd zuuertilgen / von jnen erfunden / vnd eingewendet würde?

Solcher gutherzziger Leut waren aber so viel / vnd wurde jhre zahl täglich gemehret / daß / so fer E. Mait. in diesem vngegründten wahn vnnd strengen zorn wider derselbigen Vnderthanen verharren hette wollen / so hette es nicht lang angestanden / daß E. Mait. ein Land ohne Volck haben / vnd ein Regent ohne Vnderthanen hette sein müssen / Welches an der vnzalbarn meng / so vnter dem schein der Religion / eins theils mit dem Fewer / eins theils mit dem Wasser / Schwert / Strange / vnd andere marter hingericht sein worden (wollen deren geschweigen / die in das Elend verjagt / vnnd allerley künstliche Arbeit / vnnd Handwerck mit grossen mercklichen

nachtheil

nachtheil dieser Land anders wohin gewendet) gantz hell vnd lauter zusehen ist.

Daher ist erfolget / daß E. Mait. verursachet worden/ durch Placaten vnd milterung der Inquisition diesen vnrahe vnnd jhrer Landt verderben zeitlich zuuerhüten / Wie sich dann E.Mait. darauff außtrücklich erkläret hat / es sepe jhe meinung vnnd Befelch nicht / die Inquisition diesen Landen wider jhren willen auffzutringen / Solche erklärung ist folgends durch die Hertzogin von Parma / dazumal Gubernantin/ vnnd den Statthaltern in den fürnemmesten Städten publiciert / außgeruffen/ vnnd darüber fest / vnnd stett zu halten/ mit einem Eyd bekräfftiget worden.

Als nun dieses die ehegemelten Friedhässigen Leut nicht dulden kundten / fuhren sie fort Ewer Maiestät mit betrüglichem schein einzubilden / gleich als wurde diese linderung vnnd güte zu derselbigen verkleinerung/ vnnd verachtung gereichen/ oder das ein vrsach seyen/ daß diese Länder von Ewer Maiestät gehorsam weichen/ vnd von der gethanen Erbhuldigung abtretten wurden / Solches haben sie so lang getrieben/ daß sichs ansehen lässet/ es sepe Ewer Maiestät durch jhr stettiges anhalten entlich dahin bewegt worden/ solchem vorzukommen/ vnnd derowegen den Hertzogen von Alba mit Heereskrafft abzufertigen/ E.Mait. Vnderthanen mit gewalt dahin zutringen/ welches sie in allem vnderthänigsten gehorsam zuleisten/ je vnnd allweg sind willig / vnd vhrbütig gewesen.

Angeregtes frembdes Kriegßuolck vnter einem Obristen/ welcher ein Außländer/ vnd nit von E.Mait. Blut oder Stammen/ auch der sonst ein alten neid vnd grollen zu disen
Landen

Landen truge/von vnser Grentz abzuhalten/vnd gewalt mit gewalt zuuertreiben/hetten wir wol vrsach gehabt/vnnd darzu bald mittel finden können/ Dieweil er aber E. Mait. Namen vnnd Befelch fürwendet/ haben wir demselbigen zu vnderthänigsten gehorsam/vnd damit E. Mait. im werck prüfen vnd sehen mochten/daß wir zu einiger Rebellion nicht gesinnet/ sondern in gutem reinen Gewissen vnserer Trew vnd Pflicht noch vnuergessen weren/jn vnd seinem Kriegßuolck Thür vnd Thor geöffnet/ehrlich entfangen/ die Vestungen vberliefert/Besatzungen eingenommen/vnnd dieses alles ist auff sein blosses anzeigen geschehen/ es sey E. Mait. Will vnd Befehl. Bey dem man denn vnsers vngehorsames auffrühriges Gemüt wol hat mögen abnemmen/ vnd ob sich die sachen also in der Warheit verhielten/in massen wir bey E. Mait. fälschlich verleumbt vnd hinderrucks eingetragen sind worden.

Vnd were zwar dem Hertzogen von Alba rühmlich gewesen/vnnd wol angestanden/daß er nach gehabter gewißlichen erkündigung/dieser Landen klag vnnd beschwerungen/ wider die ehegemelte newen Bischöffe/welcher gestalt sie wider Gott/ Recht vnnd alle billigkeit von jnen betrangt/vnnd fälschlich bey E. Mait. angeben worden/mit vnpartheischen Ohren angehöret/vnd darauff was für gehorsam vnd friedliebenden stand/vnd wesen er besunden/E. Mait. vor vnd eher er mit so vnrechtmässigem gewalt fortgedruckt/vnd mit der Execution angefangen/verständiget hett. Da nun solches von jhm geschehen were/als dann hetten E. Mait. nach gelegenheit der sachen/wol mittel fürzunemmen/vnd jre habende Gerechtigkeit zuhandhaben wissen.

Aber es ist durchauß das widerspiel von jm gehandelt worden/

worden/dann als bald er keinen widerstand befand/vnnd vermeinet mächtig gnug zuſein / So bald hat er ſich vnterſtanden ohn einigen reſpect der Landrecht/Priuilegien/vnd Freyheiten/die von E. Mait. mit einem ſo thewren Eydt bekräfftiget ſeyen/alle zuuernichten vñ abzuthun/die Herrn Stattshalter/vnnd andere in der Regierung/ſo von E. Mait. darzu geordnet waren/zuuertreiben vnnd abzuſchaffen / alles vnter dem ſchein/als ſeyen alle dieſer Lande / alte vnnd newe Freyheiten/durchauß verwürcket/wie er ſich außdrücklich erkläret hat/daß dieſe E. Mait. Erbländer nicht anderſt zu achten ſeyen/als wann ſie von newen mit dem Schwert gewonnen vnd eröbert/ Darumb er ſampt ſeinen Gehülffen wol befügt ſeye/mit der Vnderthanen Gut vnd Blut/ſeinem luſt vnnd gefallen nach zuhandelen/vnd zulaſſen.

So auch E. Mait. wiſſen ſolten/was Gewalt/Tyranney / vnd mutwillen dieſer Hertzog bald in anfang ſeiner Regierung getrieben / mit plündern/rauben/ verheeren/verjagen/mit fangen/ſpannen/vnnd bannen/confiſciern der Güter/ja mit brennen/hencken/köpffen/radtbrechen/vnd andern abſchewlichen/vnd zuuor nie erhörten peinigen vnd martern/ mit welchen er E. Mait. getrewe Vnderthanen ohn alle vnterſchied / durchächtet/ vnd verfolget/ vnd niemand verſchonet/er ſey Edel oder Vnedel / Arm oder Reich / Jung oder Alt/ Wittwen oder Wayſen/ Mann/ Frawen oder Jungfrawen/in Summa was Stand/ Condition/vnnd weſen es geweſen/Wenn von dieſem vnmenſchlichen Jammer/wie er ſich warhafftig verloffen / E. Mait. gnugſam bericht anhören ſolte/ſo zweiffeln wir gar nicht/es würde dieſelbige ein abſchew vnd ſchrecken darob haben/beuorab weil dieſe grewliche Tyranney (dergleichen weder Phalaris/Nero/Pharao/He-
C   rodes

todes/noch andere Heidnische Blutdürstige Tyrannen geübet haben) vnter E. Mait. Namen vnd Befelch/wider derselbigen Vnderthanen/vnnd wider solche Vnderthanen/die E. Mait. Königliche Kron auff dem Haupt/wider jre Feind haben erretten helffen/getrieben worden. Eben auß diesen vrsachen würden sich E. Mait. auß angeborner güte lassen erbarmen/vnd ein Vätterliches mitleiden tragen/von wegen so viel vnschuldiger Kindlein/vñ verlassenen Waystein/welche von jrer Eltern Erbschafft auß jhrem lieben Vatterland in das Elend verjagt worden/so viel armer betrübten Wittwen vnd Waisen/Letzlich auch von wegen des jämmerlichen Schreyen vnd flehen des gantzen Landes/das vnter der vnträglichen Bürde/eines so grewlichen Tyrannen/gantz trostloß gelassen worden/Dann da war niemand der seine Güter/so jm von Gott bescheret/vor jrem Geitz: Sein eheliches Weib vnd liebe Kindlein vor jrer Vnkeuschheit: sein Leben vor jrer Blutdürstigkeit/kondte auffhalten/fristen oder erretten/Da galt kein Adel/kein Reichthumb/kein Ehrbar/Zucht/oder Frombkeit/kein getrewe Dienst/noch nichts auff der Welt/ so bald einer in jrem Neid vnd Blutregister verzeichnet war.

Item/da wurde kein respect oder ansehen einiger Iurisdiction, Herkommen/oder Gebräuch der Landschafften gehalten/sondern den ordenlichen Richtern beyde in Criminal/Ciuil/vnd andern sachen/die der Confiscation/vñ seinem Blutrahrt verhinderlich waren/die Hände gebunden/Also/vnd der gestalt/daß weder Geistliche noch Weltliche Persone/Wittwen noch Waysen/arme Spitäl/auch der Außsätzigen/ Waysen vnd heiligen Geists Häuser/die auff der Verbanten/vnd zum Todt verurtelten Güter redliche schulden hetten/einige zalung zu jhrer Leibs notturfft vnd narung erlangen kondgen kondten. Sondern diese Gefäll hat der Hertzog von Alba alle eingezogen/vngeachtet/was für wolgegründte Supplicationes/ Einreden vnd Fürbitten / durch die Städte dargegen fürgewendet worden. Aber denen ist nichts anders denn vergebliche/auffzügige/widerwertige entschied vnd antwort/ ohn einige ordenliche erkündigung / oder verhörung/ geben/ noch diese vnnd dergleichen jrrung für die Prouincial Rähte vnnd ordenlich Richter/remittiert vnd gewiesen/daher der mehrertheil verursacht sind worden/in mangel der Justicien jhrer schuldt sich zuuerziehen / dann sie durch langwirige Proceß wider die Fiscalen mit jhrem schweren vnkosten/ welche vber die Hauptsumma auffgestiegen/nichts zuerlangen verhofft/ darzu ist niemand zugelassen worden / einem andern seine außstehende Schuld zu transportiern oder zuübergeben.

Ach Gott wie viel ehrbare Frawen vnnd Jungfrawen haben sie mit gewalt wider jhren willen genotzüchtiget/ vnnd jren vnkeuschen willen vnerhörter weiß mit jnen mißgebrauchet/ daß etliche jhr leben darüber verlassen. Wie offtmals haben sie in gegenwert der Männer die Ehefrawen in Angesicht der Eltern die Töchter mit gewalt zu fall gebracht/ welche darzu stillzuschweigen gezwungen worden / vnd das noch mehr ist/ sie haben offt auß forcht des Todes / zu solcher vnzucht/ wider jr eigen Fleisch vnd Blut helffen müssen/ die sie mit solcher frechheit/ Viehischen geberden/ vnnd mutwillen vollbracht/daß wir ein abschew haben/ vnd vns entsetzen müssen/ so wir daran gedencken/ wollen geschweigen vor E. M. solche Blutschanden zumelden/ Offt hat sichs begeben/ waß ein Vatter seine Tochter/ein Ehemann seine eheliche Haußfraw/ vor jrem gewalt vñ vnkeuschem wesen hat wollen schü-

C ij

gen vnd retten / daß sie mit gewaffneter Hand zusammen geloffen / wie die wütende Hund schreyend / Spanien / Spanien / vnd also vil frommer ehrlicher Leut jämmerlich ermordet/ Wie viel schwangeren Frawen haben sie jr oberkleid zerrissen / vnd die vnschüldige Frucht im Leib erwürget? Ja etliche Mannspersonen haben sie lebendig geschunden / vnnd die Häute vber jhre Trummen auffgespannet/ Etliche haben sie bey einem kleinen Fewer gebraten: Ein theil mit glüenden Zangen biß auff den Todt gepfetzet / vnnd mit vielen andern vnaußsprächlichen vnd vnerhorten pein vnd marter / den Lebendigen hundert Tödt angelegt / vnnd also einen nach dem andern hingericht. Vnzelich Frawen hat dieser Tyrann von jren Ehemännern / vnd viel Kinder von jhren Eltern vertrieben / In summa nichts hat vnter dem Himmel so heilig / so ehrlich / so würdig sein können / das von jhm nicht geschendet / vnd vnder die Füß getretten were worden.

Es sind bey allen Nationen vnnd Völckern je vnd allweg die Begräbnussen vnd verstorbene Leichnam dermassen in grossen Ehren gehalten worden / daß sie dieselbigen mit allem fleiß vnuersehret behalten/ Aber dieser Tyrann hat Gott vnd der Menschlichen Natur zu trutz / ein grosse anzal / die bereit in jren Ruhebetlein / sanfftiglich entschlaffen waren / wider auß jhren Begräbnussen reissen / vnd zu den Galgen lassen schleiffen / vnter dem schein / sie weren ohn Beicht vñ Sacrament / verstorben: Aber die rechte vrsach war / daß er hierdurch jre verlassene Güter confisciren vnd einziehen möchte.

Ferner / was ist vnter dem Menschlichen Geschlecht ehrlicher vnd würdiger / dann der Ehestand? Dann wie man weiß / so ist solches das einige Fundament vnnd Grund / dardurch alle Gemeinschafft erhalten wirdt / Dieser ist ein vrsprung

ſprung aller rechten Liebe / ein Band des Friedens / vnnd die rechte beſtättigung aller Ehrbarkeit vnd Thugend / dardurch die Menſchen in guter Ordnung vnd freundlichen leben / einander beywohnen / vnnd erhalten werden / Aber dieſes alles iſt bey dieſem Tyrannen inn Wind geſchlagen / vnnd verachtet worden / Das wie viel Eheleut (welche offentlich / vnd für der gantzen Chriſtlichẽ Gemein / vor Gott vñ ſeinen Engeln eingeleitet vnd zuſammen gegeben / vnd mit dieſem heiligen Band der Ehe verbunden geweſen) hat er wider das Gebott / Ordnung / vnnd Einſetzung Gottes / auch wider alle Recht vnnd Ehrbarkeit / von einander / mit groſſer verletzung der Gewiſſen / geſchieden / vñ ſich damit beſchönen wollen / co ſey die Ehepflicht vnbündig / darumb daß ſie von Ketzern beſtättigt worden were / Aber es hat ein andere meinung vnnd verſtand gehabt / dann dieſe Eheliche zertrennung iſt nur dahin gerichtet geweſen / daß viel ſchöner vnd reicher Frawen ſeinen Soldaten vnd Dienern zu theil wurden / vnnd deſto beſſer jre Sünd vnd Schand mit jnen treiben mochten.

Was darffs aber viel weitleufftigere außführung / ſo doch kundt vnnd offenbar / daß er alle lieb vnnd trewe Dienſt / die ein Menſch dem anderen zuleiſten natürlicher weiſe verpflicht vnd ſchuldig iſt / abgethan / vnd verhindert hat / Dann wie ein groſſe anzal Frawen ſind ermordt worden / die jhren Männern : Wie viel Kinder / die jhren Eltern in jhren letzten nöten mit einem Pfennig ſtewer vnd hülff gethan / oder nur ein Troſtbriefflein zugeſchicket haben ?

Letzlich auch / damit nichts heiliges noch Göttliches von jm vngeſchändet bliebe / ſo hat er das allerheiligſte Sacrament der Tauff / dardurch wir in die Gemeinſchafft der Kirchen Gottes / ja auch vnſern HERRN Chriſto / als Glieder

C iij einver-

einuerleibt werden/vnter die Füß getretten/mit ernstlichem
Befehl/die Kindlein/so zuuor offentlich nach der Ordnung
vnd Einsatzung des Sohns GOttes/in dem Namen des
Vatters/des Sons/vnd des heiligen Geists getaufft waren/
auff ein newes wider zutauffen/vnter dem schein/daß sie von
Ketzern getaufft weren/welches dann offentlich wider alle
Göttliche vnnd Menschliche Rechte/ja auch allen Gebotten
der Kirchen/vnd Decreten der Concilien zugegen ist.

Belangend die newe vnerhörten Schatzungen ist das-
selbe landruchtbar/dann menniglicher weiß/wie er eine vber
die ander erdacht/vnnd das arme Volck ohn auffhören auß-
gesogen/vnd also beschwert/daß er den hunderstcn/den zwen-
tzigsten/ja auch den zehenden Pfenning/von allen Gütern
ligend vnd fahrend/darzu von allen kaufften vnd verkaufften
Wahren vnd Gütern/gefordert/darauff auch alsbald wider
die/so sich dieser vnerhörten aufflagen/wie auch billich/be-
schwerten/die Execution/vngeachtet/daß jm solches von den
Landständen vnd Rähten getrewlich widerzahlen wurde/für-
nemmen wöllen/Wie jhn dann dieselbige gnugsam erinnert
haben/daß durch diese newerung/nicht allein alle Gewerb/
Handtierungen/vnnd Kauffmanschafften/auß dem Land
vertrieben/Sondern auch den Einwohnern jre narung nutz/
vnd gewinn abgestrickt wurde. Haben sich auch erbotten ein
grössere Summa auffzubringen/denn es schier in jrem vermögen gewesen.

Ob nun wol die Stände jrem Vatterland zum besten
gehandelt/so viel ihnen müglich/vnnd jhm den allgemeinen
Landsschaden/welcher auß disen aufflagen entstehen würde/
gnugsam eingebildet/vnnd herauß gestrichen/vnnd endlichen
nichts anders begert/dann daß er an E.Mait.jhre erhebliche
entschül-

XXI.

entschuldigungen wolte gelangen lassen. Noch dann haben sie nichts fruchtbars erhalten können / ist ihnen auch fernere Audientz abgeschlagen worden / Vngeacht daß die Geistlichen Rähtvnnd Stände solchen vnraht abzuschafften / sich fleissig bemüheten.

Auß disem ist erfolget / daß die Handthierung vnd Gewerb diesen Landen entzogen / vnd darnider gelegt / der mehrertheil Innwohner jhrer Güter beraubt / vnd auß kummer vnd armut jre narung anderswo suchen müssen. So doch hergegen / wann er das Kriegßuolck hat bezalen sollen / nimmermehr Gelt vorhanden / Also / daß den Spanischen Soldaten / biß in die acht vnd zwentzig Monat Soldt außständig sein.

Viel aber von seinen Teitschen Landsknechten / haben von Hauß zu Hauß bettlen müssen / auß denen etliche auß Armut vnd Hungersnot verschmacht / vñ also jr Leben elendlich verschlossen / Allererst ist man gewar worden / daß vmb sonst vnnd vergebens gewesen / was für ein merckliche Barschafft die Landesstände / auß Befehl E. Mait. zu vnterhaltung des Kriegßuolcks / contribuiert vnnd erlegt haben / dann sie nichts desto weniger mit Spanischen Garnisonen oder Besatzungen / zum eussersten beschweret / vnd auff dieselbige alle jhr vermögen wenden müssen / in massen solches / die / so Don Federico vnnd seinen Spaniarten am meisten Gelt geben / wol gewar sein worden.

Es ist aber bey den Landständen nicht blieben / sondern es haben die Innländische Stätte ehegemelte Garnisonen gleicherweiß einneimen müssen / so doch die Stätt / Vestung vnnd Päß auff den Frontieren / vnnd gegen den Feinden ohn notwendigen Zusatz vnnd Munition verlassen worden / dardurch

durch sich daselbst desto leichtlicher zum offtermal verenderungen zugetragen haben.

Daher hat man wol können abnemmen/warumb/vnd auß was vrsachen er seinen Spanischen Soldaten so viel mutwillens verhängt/vnnd daß sie alles/das man nur arges erdencken kan/offentlich vnd ohn schew begangen haben/mit drawen/schlagen/stelen/blündern/morden/vnnd andern vnzelichen bösen thaten.

Hierauß kan menniglich iudiciern vnnd vrtheilen/daß alles das er zubeschonung E.Mait.dienst/vnd der Religion/zu seinen glimpff fürgibt/ein lauter thandt vnnd gefärbter schein ist/dardurch er seinen vnersättigten Geitz/vnnd Blutdürstig Hertz/gern verstreichen vnnd verbergen wolte/Da doch/Gott sey lob/nunmehr das widerspiel so hell am tag ist/daß der nicht sehen/jedoch mit Händen greiffen kan/daß er eben E.Mait.in seinen diensten so getrew gewesen/als er dieser Land wolfahrt befürdert/welche es mit ihrem eussersten verderben erfahren haben.

Wem nun jetzterzelte erhebliche vrsachen nit gnugsam sein/vnnd jemand ein zweiffel haben wolte/wohin dieses Tyrannen Intent/Anschläg/vnd Fürsetz gericht sein gewesen/der habe in acht/welcher gestalt er sich durch sein vnersätlich Ehrgeitz/Hoffart/vnnd vermässenheit hinder das Liecht hat führen/vnnd verblenden lassen/Jn dem er als ein Trophæum vnnd ewig Siegzeichen/seiner ehrlichen rühmlichen Thaten (die hievor erzelet seind) im Schloß zu Antdorff sein eigene Bildnuß auß Ertz/auff einer schönen Seulen gantz künstlich gegossen/vnter welches Füssen die Landstände/vnnd der Niderländische Adel vndergetruckt ligen/hat lassen auffrichten. Vnsere meinung ist auff dißmal nicht/weitleufftiger zu melden/

XXIII.

melden / was er damit zuuerstehen hat wollen geben: Aber das wolten wir gerne wissen/ob auch einmal ein Tyrann gewesen/der jhm selbst bey seinen lebzeiten / dergleichen statuam, Bildnuß / oder Columnam, hette lassen an offentliche ort setzen. Man findet wol/daß vorzeiten die Römische Keiser/vnd König / welche beynahend die gantze Welt vnter jhrem Gewalt hetten / jhnen bißweilen Seulen vnnd Bildnussen auß Metall oder Stein haben lassen auffrichten / Wie noch heutiges tages die Bäpst zu Rom / die sich etwas höhers achten/ vnd vermeinen an Gottes statt zu sitzen/pflegen zuthun/ Dieses hat aber mit verwilligung des Senats vnnd Römischen Volcks/geschehen müssen / Aber daß einer jhm selbst dergleichen Bild vnd Monument gesetzt habe / können wir in keiner Chronica/ Historien oder Geschicht finden/ Dañ solches were nicht anderst / dann ein kündtliches Merckzeichen / eines auffgeblasen hoffertigen Gemüts / vnd für ein Thorheit gehalten worden. Allein haben wir ein Exempel bey dem König Nobuchodonosor/ der seine eigene Bildnuß ließ auffrichten/ mit Befehl/darfür niderzufallen/ vñ solche anzubetten: Aber so vermessen ist er nicht gewesen / daß er sich dieses hett wöllen noch dörffen vnterstehen / ohne vorwissen vnnd verwilligung seiner Landsfürsten vnd Rähte. Wie hat aber vnser Tyrann/ so wol auß thörlicher vermässenheit / als auß abschewlichem hochmut/gebaret? Diser/als er in seinem hoffertigen wahn/ nicht allein alle Tyrannen vbertreffen/sondern auch vber den König/ja auch an Gottes statt sich auffzuwerffen/ vnterfangen/hat sich selbst/ohn einigen Raht/gutbedüncken/oder verwilligung / vnnd noch bey seinem leben/ nicht ohn grosse verkleinerung vnd verachtung E. Mai. Authoritet vnd Hoheit/ gleich zu einem Ruhm vnd Gedächtnuß seiner Tyrannischen

D Thu-

XXIIII.

Thaten vnnd Gewalt/ dardurch er diese E. Maiestät schöne Erblandt vnter die Füß getretten/ auff diese stoltze Seulen gestellt.

Eben auff die'e weise hat er sich/ gleich wie der Tyrann Herodes/ nicht geschewret/ zu Antdorff an dem Marck/ auff E. Mai Königlichem Stuel/ vñ auff dem güldenen Stück/ damit solcher behengt war/ E. Mait. in derselbigen abwesen/ zu repræsentiern vnd wie ein Abgott vnter dem schein der verkündigung des Pardons/ zusetzen/ welches kein Hertzog/ Königin/ Statthalter/ oder Gubernanten/ dieser Land auff solche weiß niemals gethan haben. Alles zu einer offentlichen verachtung vnnd verkleinerung E. Mait. Ehr vnnd Reputation.

Nach dem nun dieses alles/ wie jetzt erzelet/ Allergnädigster König dermassen notori/ kundt/ offenbar/ vnnd in der gantzen Christenheit ruchtbar worden/ vnd erschollen ist/ also daß die freindte Potentaten vnnd Nationen/ ein abschewen vnd entsetzen/ ob diesem Hochmut vnd Tyrannischem wesen haben bekommen/ Zu dem/ daß des Hertzogen von Alba Diener vnnd Soldaten/ selbst protestieren vnnd bezeugen/ daß sie solches für GOtt nicht kondten rühmlich achten/ viel weniger daß sie befinden köndten/ daß Ewrer Maiestät damit wolgedienet/ vnd die wolfahrt dieser Landen befürdert würde.

So können wir vns auff einige weiß nicht bereden lassen/ daß E. Mait. diesem vnrechtmässigem gewalt/ mutwillen vnd vermessenheit/ so ferr sie dessen nur warhafftigen bericht wurd einneinmen/ solte beyfallen/ vnd dieses vnsere cuser sie durchechten gestatten/ Sintemal zuuor vnerhört/ daß jemals ein König oder Herr/ mit seinen Vnderthanen/ erzelter gestalt gehandelt hette.

E s

XXV.

Es haben weyland E. Mait. Vorfahren hochlöblichster vnd milder Gedächtnuß/in aller sanfftmut vnd angeborner Fürstlicher miltigkeit/solcher gestalt vber jre Vnderthanen geherschet/daß sie nit allein jren Successorn vnd Nachkommen/sondern allen Fürsten vnnd Potentaten der Christenheit ein löblich Exempel eines rechtmässigen rühmlichen Regiments hinder jnen gelassen. Diese/wann zwischen jnen vnd jhren Vnderthanen ein zwispalt oder jrrung entstunde/ oder auch/wann sich die Vnderthanen von jhren Amptleuten beschweret vermeinten/vnnd zu den Waffen grieffen/vnd doch durch jre Fürsten vnd Herren wider zum gehorsam gebracht wurden/haben es niemals zu solchem Gewalt vnd Tyranney kommen lassen. Wie dann in allen auffgerichten Capitulationen vnd Verträgen/außtrücklichen begrieffen/vnd versehen ist worden/daß jhnen alle jre Priuilegien vnd Freyheiten sollen fest/stett/vnd vnzerbrochen/gehalten werden.

Dieweil nun dem also/so vergrieffen an E. Mait. wir vns höchlich/were vns auch gantz verweißlich/wenn wir darfür halten/vnd dise gedancken haben wolten/gleich als ob E. Mait. von derselbigen hochlöblichen Vorfahren Regierung vnd Fußstapffen/ja auch von der billichen Pflicht aller frommen König vnd Fürsten/so weit solte abgewichen sein/ daß an statt seinen getrewen Vnderthanen Recht vnd Justitia zu administrieren/Audientz/jre rechtmässige erbärmliche Klagen anzuhören/zugeben/daß sie an statt diser Fürstlichen Werck vnnd Thugenden/einen Tyrannen zu jhnen geschickt solte haben/der sie samptlich vnnd innsonderheit verderben/ durchechten/ermorden/vnd die vbrigen in die eusserste Armut vnd Dienstbarkeit bringen.

Hierauß ist erfolget/daß vns bedencklich/vnd E. Mait. Hoheit

Hoheit abbrüchig gewesen/die Pardonen/von dem Hertzogen von Alba/in welchen er in E. Mait. Namen/vns vnsere begangene Rebellion vnd mißhandlungen (wie ers zu nennen pflegt) zuuerzeihen fürgibt/anzunemmen/Dann wir wollen es gewißlich darfür halten/vnd vns in aller vnderthänigkeit versehen/es werde E. Mait. vns keiner Rebellion oder mißhandlunge bezüchtigen/oder von deren wegen condemnieren/ehe vnd zuuor sie vnser entschuldigung angehöret/vnd wie sich alle sachen verloffen/erkündiget habe. Wer sind aber die jenigen gewesen/die E. Mait. von vnsert wegen Relation oder Bericht gethan? Seind sie nicht alle vnsere offenbare Feinde vnd Widerpart? Darumb wirdt vernünfftiglich gesagt/daß man beyde theil anhören soll/ehe man vrtheilen wil/ Wie dann derhalben König Alexander der Groß/von den Geschichtschreibern gelobet wirt/daß er im gebrauch gehabt/ wann er zu Gericht gesässen/ein Ohr zuzuhalten/Damit er zuuerstehen wollen geben/daß zwischen den Partheyen/ein gleichheit gehalten/vnd einer so wol als der andern Audientz vergönnet werden solte/Solches ist auch bey allen Nationen vnd wolgeordneten Regiment je vnnd allweg für recht vnnd billich/vnd den natürlichen Rechten für gemäß erkennet worden / Daher auch der allerärgerste Vbelthäter/ohn vorgehende verhöre/nicht soll verurtheilet vnd gericht werden.

Auß disen rechtmässigen vrsachen/Allergnädigster König vnd Herr/fallen wir zu E. Mait. Füssen/mit vnderthänigster demütigster Bitte / Sie wölle vns auch ein Ohr öffnen/vnser flehen vnd bitten gnädiglich anhören/vnnd in vnsern anligenden Nöten vnnd Betrangnussen/die Wag der Gerechtigkeit gleich auffziehen. E. Mait. hat biß hieher allein des Hertzogen von Alba/vnnd seines Anhangs Posten/
Brieff/

Brieff/ vnnd Bericht/ wie sich die sachen bey vns verloffen/ angenommen/ vnnd entpfangen/ vns aber sind die Mäuler noch verschlossen/ vnsere Zungen mit glüenden Eysen durchstochen / die Lefftzen mit brennenden Zangen verzwickt / Wie hat dann vnsere not vnd elendes schreiben/ vnd geschrey für E. Mait. Ohren kommen können? So wir nun also geängstiget/ stumm vnd sprachloß gemacht sind/ auß was vrsachen kan E. Maiestät vns von wegen einer Mißhandlung vnnd Rebellion (darob wir die zeit vnsers Lebens ein abschew vnnd grewel gehabt) vnerhörter sach verurtheilen vnnd verdammen?

Demnach wenn gleich der Hertzog mit seinem Pardon Brieff wider her für kommet/ vnd vns damit locken wil/ vnter sein Joch vnnd Dienstbarkeit zuspannen/ in dem er befindt/ daß er mit gewalt an vns (durch beystande Göttlicher Hülff vnnd Barmhertzigkeit) seinen mutwillen nicht kan vollbringen/ Wie können wir doch solches Pardon annemen/ als ob es vns betreffe? Die wir von E. Mait. gehorsam vns nie haben lassen abführen/ oder etwas sträffliches gehandelt/ Es were dann sach/ daß wir den Hertzogen von Alba für vnsern König solten erkennen vnd auffnemmen/ Dan jm haben wir widerstrebet/ vnd nicht E. Mait. deren wir mit Gut vnd Blut/ vnd allem vnserm vermögen/ so lang vns Gott das leben verleihen wirdt/ trewlich wollen dienen/ darumb gibt vns sein Pardon wenig zuschaffen/ fragen auch nichts darnach. Sintemal solches allein die Stätt begreifft/ die sich von E. Mait. gehorsam haben lassen abwendig machen. Aber es lässet sich ansehen/ als wolte er entweder gern sich für vnsern König auffwerffen/ oder aber vns abermals ein Fallstrick zubereiten: Dann nemmen wir sein Pardon an/ so geben wir vns selbst

D iij schul-

schuldig/als sein wir Auffrührer/trewlose Ketzer/vnnd von
vnserm Christlichen Glauben abgefallen/Vnd in Summa/
als haben wir das hochsträffliche Laster/der Göttlichen vnnd
Königlichen Maiestät begangen/Dieses/vnd nichts anders ist
suchet er/vnd wolte gern/daß wir durch diese sein falsche Par-
donen/vnser selbst Anklager sein/vnd dises mit vnsern Hand-
schrifften bekräfftigen solten/Auff daß er hernach bey Ewer
Maiestät vnd andern Fürsten vnd Potentaten desto ehe seine
geübte Tyranney möchte entschüldigen/vnnd von vns auß-
strewen/wann wir mit dergleichen Mißhandlungen nicht
befleckt weren/vnd die darauff geordnete straff wol verdienet/
so hetten wir kein Pardon oder Gnad begeren vnd annemmen
dörffen.

Hiebey/vnd zu bestättigung vnser vnschuld/nemen wir
Gott den gerechten Richter/vnd ein Erkenner aller Hertzen/
zu Zeugen/daß/wann wir die Mißhandlungen/so vns zuge-
mässen worden/begangen hetten/oder der vberwiesen wur-
den/So wollen wir keine Gnad begeren/Sondern als böse/
trewlose Vbelthäter/vnsere verwürckung mit dem Halß be-
zalen/Als dann gnädigster König vnd Herr/wolten wir ge-
dültig leiden/daß man einem nach dem andern mit der größ-
ten pein/so man erdencken kondte/von Glied zu Glied dorte
vnd stückweiß zerriesse. Wir bitten auch den Hertzogen von
Alba (so ferr einige Bitte bey jhm statt haben kan oder mag)
daß er gegen vnd wider alle die jenigen/so vmb Pardon bey jm
ansuchen/vnd die obgemelten Vbelthaten bekennen werden/
mit der straff/die von Recht vnd billigkeit wegen darauff ge-
ordnet/ohn alle barmhertzigkeit fortfahre/mag auch denselbigen weder trew noch glauben halten/Dan man wol befugt
ist/solcher gestalt die jenigen/so an GOTT vnnd jhrem
König

König trewloß vnnd abtrünig worden/ vnabläßlich zu straffen.

Es wirdt sich aber in Ewigkeit nicht befinden/ daß wir dergleichen sträffliche handlung jemals in den sinn genommen/ viel weniger würcklich begangen haben/ Hergegen können wir vns rühmen/ daß wir je vnnd allweg vnserm König allen vnderthänigen gehorsam vnd dienst erzeiget/ Auch dem Allmächtigen Gott vnd Vatter Jesu Christi/ in dem Geist vnd in der Warheit/ nach seinen heiligē Gebotten vnd offenbarten Wort/ so viel vnser schwaches sündliches vermögen vns zugelassen/ gesucht zudienen/ Seind auch forthin mit Göttlichem beystandt vnnd hülff/ solches biß auff den letzten tropffen Bluts/ zuthun gesinnet.

So bald wir aber vermercken/ daß der Hertzog von Alba/ anstatt/ daß er Recht vnnd Justiciam administrieren/ anstatt/ daß er vnsere klagen vnd anligen anhören/ vnnd der billigkeit nach verhelffen/ anstatt daß er E. Maie. zusagen vnnd verheissen/ nachkom̄en solte/ auff nichts anders beflissen war/ dann wie er alle Recht vnd billigkeit/ vnd alle vnsere Freyheiten/ Priuilegien/ vnnd alte löbliche Gebräuch/ vnd Gewonheit/ mit vnerhörter Tyranney verkeren/ auffheben/ vernichten vnd abthun/ das gantze Land verderben/ vnnd viel grewlicher mit vns handlen vnd gebaren möchte/ dann nie kein Türcken oder Juden mit jhren vberwunden Feinden vmbgangen seyen. Zu dem vnnd vber das alles/ da er mittler weile nicht feyerte/ vnnd sich vnterstunde vns bey E. Maie. vnd bey allen Christlichen Potentaten vil Nationen/ von wegen der Auffruhr/ Entpörung/ Ketzerey/ vnnd andern falschen ertichten Aufflagen zubeschüldigen/ Wir auch dieses auff vnsligen/ vnnd zu keiner verhör kom̄en/ noch von jemand vnter der
Sonnen

Sonnen einigen trost/rettung oder hülff haben kondeen. Als bald sind wir durch die eusserste not getrungen worden zu der Gegenwehr zugreiffen/ vnd vnserm vermögen nach/ einander getrewlich beyzustehen/ daß wir vnser armes betrübtes Vatterland von einem solchen grewlichen Tyrannen erledi-get/ vnnd lieber mit gewehrter Hand bey einander zusterben vnd zugenesen/dann vns disem Blutdürstigen Wüterich zu-ergeben/Welches wir dann noch zuthun (so lang als E. Ma-iestät vns seine gnädige Ohren verschliessen/noch vnser Klag anhören/ auch vns wider solchen gewalt rechtmässige Justi-cia zu administrieren/ verziehen wil) entlich entschlossen sind. Dann wir wissen vns auß den Göttlichen Gnaden wol zu-berichten/ welcher gestalt vnser Leben vnd Sterben/ in Got-tes des Allmächtigen Händen stehet/ vnd daß dieser zeitlicher Todt/ dem alle Menschen vnterworffen/ allein ein durch vnd zugang ist/ zu dem ewigen Leben. Nun aber/dieweil wir ver-mercken/ daß man nach vnserm Leben so embsig strebet/ so wollen wir viel lieber einen ehrlichen Todt/ für die Freyheit vnd Wolfahrt vnsers geliebten Vatterlands/erkiesen/ dann in Dienstbarkeit etlicher mutwilligen Außländer/ die einen alten haß vnd neid/ je vnnd allwegen zu vns getragen/gerah-ten/deren Schlauen vnd Fußhadern wir sein musten/ Viel lieber wollen wir/daß vnsere Erben vnnd Nachkommen von vns rühmen/ daß wir vns angeregter Seruitut/ vnnd der Spanischen Inquisition widersetzet/ dann ein schändtliches Leben mehr als einen ehrlichen Todt/ vns gelieben lassen.

Wolan/wir streitten für die Freyheit vnsers Gewissens: für vnsere Weiber vnd Kinder: für vnser Gut vnd Blut/der meinung/ daß kundt vnd offenbar werde/ob der Hertzog von Alba mit seinem Anhang/vber diß alles ein gewaltiger Herr seye/

seye/vnd das zu seinem gefallen vnnd mutwillen möge zwingen/tringen/vnnd mißbrauchen/oder ob wir solches alles mit dem Schwert/zu förderst zu Gottes des HERREN Ehr/ vnnd auch E. Mait. Dienst biß auff den letzten Athem erhalten können. Es ist zwar ohn das einem jeden sein letztes vnd gewisses stündlein/vnnd ziel bestimpt/welches wir durch annemmung des Hertzogen von Alba Pardon/nicht können vberschreitten. Wir bitten vnd begeren allein/ E. Mait. wölle vnsere notwendige Klagen für sich kommen lassen/vnd vnser anligen gnädigst anhören vnd erwegen/ damit wir nicht getrungen werden/mit bewilligung solches Perdon/ vns vnd vnsere Nachkommen/anzugeben/vnd den ewigen Schandtfleck anzuhengen/ gleich als weren wir einer so schändlichen Rebellion/ vnnd Auffruhr wider Gott/vnnd vnsern König theilhafftig/da doch solches wider vnser Natur ist/vnd darzu niemals gesinnet gewesen seyen.

 Vber das alles/was hetten wir für lüfftung oder leuchterung von disen Perdonen zugewarten/wenn wir dieselbige annemmen? So wir doch dardurch von dem Hertzogen des Lebens keins wegs versichert seyen? Sondern wir geben jhm bequemere vrsachen/als er jetzt hat/vnnd were wolbefügt vns desto härter zustraffen/ köndte es auch desto eher bey menniglich verantworten/ Dann wer wolte ein mitleiden mit vns haben/ so man vns als offentliche Feind/ vnnd Friedbrecher verfolgte/vnd vmbbrächte/wann wir vns selber der Rebellion vnnd Entpörung wider Gott/ vnd vnsern König beschuldigten? In solchem fall/were man vns nicht schuldig zuhalten/ wenn man vns gleich viel schönes dings hette zugesagt/ dieweil wir selbst bekennen/ vnnd zugeben/ daß man dergleichen Vbelthätern kein gnad erzeigt soll/ Sintemal es wider Gott/

E   vnd

vnd dem gemeinen nutz ist/daß man die Fridbrecher vnd Ver-
ächter Göttlicher/vnnd Königlicher Maiestät bey leben soll
lassen/wenn man jhnen schon solches bey dem höchsten Eydt
were anheissig worden/Dieweil kein Eydt oder Zusagung (so
wider Gottes Gebott vnd Befehl etwas zuläßt) kräfftig oder
bündig sein kann/noch soll.

 Gesetzt aber/daß die sachen anderst als jetzt erzelet/ge-
schaffen sein solten/so ist doch auß allen des Hertzogen von
Alba wercken vnd anschlägen/gnugsam kundt vnd offenbar/
daß er niemals gesinnet gewesen einige Zusagung zuuollziehen/
das erscheinet darauß/wie getrewlich er den hochberürten
Eydt/welchen die Hertzogin von Parma/neben den Statthaltern des Landes/von wegen/vnd in Namen E.Mait.den
Stätten geleistet haben/gehalten. Wie hat er folgends sein
meinaydig Gemüt/gegen den Stätten/die er im letzten Krieg
vnter seine Gewalt gebracht/außgossen?

 Zu Bergen in Hennegaw hat er wider sein Eydt vnnd
auffgerichten Vertrag/ein grosse anzahl Bürger mit dem
Strang lassen hinrichten. Zu Narden hat er wider seine ge-
gebene Trew vnd Zusagen so vil Blut vergossen/dergleichen
nie geschehen/weil dieselbige Statt gestanden ist. Zu Harlem hat er (oder sein Sohn Don Federico in seinem Namen)
dem Kriegßuolck in der Besatzung das Leben versprochen/da-
für auch etliche Herren sein Bürg worden/Nichts desto min-
der hat er sie fast alle/biß auff die jungen Kinder jämmerlich
lassen vmbbringen/vnnd ermorden/Zu dem die todten Cör-
per/gantz bloß vnd nackend ein tag vnd nacht an der Gericht-
statt/allen Frawen vnnd Jungfrawen zu einem ärgerlichen
Spectackel/offentlich lassen ligen: Der jenigen Namen/so
jhnen auff guts trawen die Statt vbergeben/hat er lassen
verzeich-

verzeichnen/vnd jhnen Dienstgelt versprochen/ aber hernach auff die Galleen führen lassen. Die vbrigen/ welchen er vor Harlem das leben zugesagt/ hat er lassen hungers sterben/ vnd fürgeben/ Ob er jhnen wol das leben zufristen/ so habe er jnen doch das Essen vnd des Leibs narung nicht versprochen/ Eben also hat er sich gegen den Bürgern zu Harlem verhalten/ dann nach dem er sie des lebens versichert gehabt/ hat er sie als Schantzgräber für die Statt Alckmer geführet/ daselbst sie in der Belägerung jämmerlich vmbgebracht worden/ Welches dann alle Barbarische Tyranney vnnd wüten vbertrifft/ vnnd diese sind seine gantze schöne zierliche behülffe vnnd beschönungen/ damit er seine meineidige Thaten/ vermeint anzuferben.

Dieweil nun dem Hertzogen von Alba wol bewust/ daß es Landruchtig worden ist/ welcher gestalt er sein Eydt vnnd Zusagung pflegt zuhalten/ Als nemlich/ so lang er seinem vortheil sihet/ daß er bey andern seinem willen dardurch auch ein gnüg thun möchte/ So kompt er abermals mit seinem Pardon herfür/ vnd vermeinet dardurch seine meineidige Handlungen/ bey K. Mait. vnnd andern Fürsten vnd Potentaten/ desto eher zuentschüldigen/ Dan wo wir vns damit gleichsam anätzen liessen/ so bekenneten wir vns deren Mißhandlungen schüldig/ welche vns darinn nachgelassen werden/ würde vns auch nichts verpflicht sein/ Wann er es gleich hoch vnd thewerer bestättigte/ dieweil jhn das Concilium zu Costnitz daruon absoluiert/ darinn vor hundert Jaren beschlossen worden/ daß man den Ketzern kein Zusagung zuhalten schuldig seye.

Man mercke auch seinen arglistigen betrug/ da er in seinem Pardon einführet/ wie die Mißhandlung (deren er vns beschuldiget) mehr durch anleitung etlicher Mißgönstigen/

E ij dann

dann auß eignem beharlichem fürsatz geschehen/rc. Dann mit diesem gemachten schein wolte er die Einfältigen gern auffs Eiß führen/ vnnd in sein Netz vnd Dienstbarkeit bringen/ So er doch nichts anderst suchet/ dann daß er seine angemaßten gewalt stärcken/ vnnd auff den Wahn bleibet/ er mag lassen hinrichten wen er wolle/ vnnd man könne jm seine Zusagung nicht fürwerffen/ noch böß außlegen/ dieweil er jhme allzeit vorbehalten/ vnd allein in seine willkur setzen/ welche er für schuldig oder vnschuldig halten wil/ vnnd in diesem Pardon begrieffen sein sollen.

So auch E. Mait. vns nur einmal wurde gnädigste Audientz geben/ Als dann wurde sie vermercken/ wie der gerechte GOtt diesen hinderlistigen Tyrannen in seiner eigen boßheit/ ergrieffen vnd verwickelt/ Dann da er vns in seinem Pardon auff das höchste wil beschuldigen/ bekennet er außtrücklichen/ Er könne sich keines wegs vberreden lassen/ daß wir erst jetzt so gar auß der guten art getretten vnnd abgefallen/ da wir nicht von etlichen mutwilligen Leuten darzu beweget vnnd verführet worden weren/ dann sonst wurden wir gewißlich in der trew vnnd gehorsam/ denn vnsere Vorfahren vnd wir E. Mait. je vnd allweg bewiesen/ beständig verharret haben/rc. Im fall wir nun vor der letzten missethat vnnd vngehorsam (wie er vns pflegt zubeschuldigen) E. Maiestdt alle trew vnd schuldige dienst/ seiner selbst Bekanntnuß nach/ erzeiget haben/ warumb oder vnter was schein hat er vns dann lang zuuor grewlich vnnd zuuor vnerhörter weiß/ so hefftig verfolget vnnd durchechtet? Warumb hat er die Stätt also verwüstet? Viel Flecken vnd Dörffer verbrennet? Die Inwohner ermordet/ vnd alle jre Güter geplündert? Warumb hat er durch seine Soldaten/ Catwick/ Opsee/ Santwicken/ Alsen/

Alsen/sampt andern schönen Dörffern in die Eschen gelegt?
Vnd disesist alles geschehen/lang vnd ehe er vns einiger verwirckung beschuldiget hat? Hat nicht er vnd seine Gehülffen
die Statt Vtrecht/die sich am aller gehorsamsten gehalten/
preiß geben vnnd plündern wöllen? Haben sie nicht hernach
in jhrer gehorsamen Statt Rotterdam/die sie als Freunde
eingenommen hette/ein grosse anzahl Bürger wider alle gethan zusagen/grewlich ermordet? Hat man nicht bey dem
Paceco ein Memorial vnd Blutregister gefunden:/darin ein
grosse anzal von der Ritterschafft/vnd fürnemmesten Bürgern in den Städten verzeichnet gewesen/die auß des Hertzogen von Alba Befehl hetten sollen hingericht werden / so
diser anschlag auß sonderlicher schickung Gottes nicht offenbar vnd abgetrieben worden? Was hat aber die anforderung
des zehenden Pfennings anderst angedeutet/dann daß wir
damit vnsere Hab vnd Güter die (seinem vermeintem fürgeben nach) alle verwürckt waren/gleich wider erkauffen vnnd
lösen solten?

 Wann dann nun gnädigster König vnnd Herr/wir als
E. Mait. getrewe Vnderthanen (dann diesen Namen muß er
vns selbst geben) bald zu des Hertzogen von Alba ersten ankunfft in diese Land/auß seinem Befehl/mit so vnerhörter
Tyranney/von brennen/Blutuergiessen vnd Morden seind
durchechtet vnnd verfolget worden / so wirdt vns je niemand
verdencken können/sondern menniglich entschuldiget halten/
daß wir auß höchster not getrungen / zu der Gegenwehr zugreiffen/vnnd seinem gewalt vnnd vbertrang zuwiderstehen.
Dieses müssen seine eigene Diener bezeugen/dieweil sie sich
pflegen zuberühmē/sie wölle diese Land vn̄ Inwohner so lang
vnd viel fretten vnd ängstigen/daß sie am letzten zu einer Re

E iij   bela

bellion getrungen werden / Als dann können sie vns vnter einem guten scheine vnderthänig machen/vnd alle vnsere Hab vnd Güter blündern/rauben/vnnd zu sich ziehen / Wie dann solches/vnnd was grosses verlangen sie darnach gehabt/jhre Brieffe (die im fall der not köndten auffgelegt werden) zuerkennen geben.

Das ist wol war/vnd wollens nicht in Abred seyen/daß des Hertzogen von Alba fürgeben nach/E.Mai.Underthanen nimmer zu der Wehr grieffen / oder sich etwas thätlichs vnterstanden hetten/so sie nit durch etliche mutwillige / mißgönstige Personen darzu verursacht worden/Aber eben dieselbige sind der Hertzog von Alba mit seinem Blutraht vñ Blutdürstigem anhang/ die auß boßhafftigem/ geitzigem fürsatz/ E.Mait. Vnderthanen Schweiß vnnd Blut / biß auff das Marck haben außgesogen/ vnnd mit grossem gewalt biß auff das eusserste verfolget/so lang / vnd biß sie zu rettung vnd beschirmung jres eigen Leibs vnd Lebens/jrer Frawen vnd Kinderlein/vnd alles dessen was jhnen Gott auff dieser Welt bescheret hat/in Harnisch gejagt worden.

Es gibt vns auch sein rühmrettiges auffschreiben wenig zuschaffen/darin er meldet/wie gnedig vñ gütig er mit andern Stätten gehandelt habe/Dann was das für Gnad vnd güte gewesen/hat er an Dornick/Valencien/Eyssel/Jpern/Mastricht/Deuenter/Meheln/Ondennerde/Dermondt/vnnd Narden/gnugsam erweiset/an welchē orten sie mit blündern/ rauben/hencken/ Frawen schänden/ vnd allerley bösen thaten gar nichts vergessen habē/Wollen geschweigen/daß zu Brüssel ober hundert vnd dreyssig Bürger/zu vnterschiedlichen zeiten auß einem lautern mutwillen/ von den Spaniarten ermordet worden sind/ehe vnnd zuuor sich der Krieg nie angefangen hat. Glei-

XXXVII.

Gleicher weiß wollen wir auff diß mals vmbgehen/nach der lenge zuerzelen/ weil sie es für ein Gnad rechnen / welcher massen vmb dieselbige zeit zu Gent in einer Auffruhr bey 60. oder 70. Bürger/ vnnd hernach vnzehlich viel Manns vnnd Weibs Personen (ausserhalb was sie in vorgemelten Stetten, vnd auff dem Land mit vnaussprächlichem wüten vnd toben gestifft haben) von jnen vnschuldiger weiß vmbgebracht sind worden.

Auß diesen vrsachen ist sein dräwen gantz vergebens/daß er/so ferr wir sein Pardon nicht annemen/gegen vnsern Personen auff das strengst wolle procediern/vnd vns zum eussersten/mit Fewer/ Schwert/ Hungers not/ vnnd andere wege verfolgen/biß so lang/alles das vor seinem gewalt noch vbrig gelassen/gäntzlich außgerottet werde/rc. Dann es ist vns vnuerborgen vnd nunmehr Landruchtbar/ daß er solches langst gesucht vnnd dahin gearbeitet/ auch so viel jhm müglich/ inns werck gesetzt/ Wurde auch seinen mutwillen/dessen er sich so sehr berühmen thut/ ferner vnnd weiter nachgehenge haben/wann er sich nicht vor dem/das jm jetzt begegnet/Als nemlich/ daß diese Land sein Tyrannische weiß nicht länger dulden wollen/befahret hette.

Darzu/ vnd vber das/ sind jhm E. Maie. Dienst/vnnd dieser Land wolfahrt nicht so hart angelegen/ daß er jhm ein Gewissen solte machen/ dieselbige inn grundt zuuerwüsten/ vnd da es nur in seinen mächten were/die Reliquien vnd vberbliebende stück gäntzlich zuuertilgen/vnd außzurotten. Dann solches gibt sein brennen vnnd verheeren/das lang vor diesem Krieg geschehen/ gnugsam zuerkennen. Wir hoffen aber vnd sind der vnzweiffelichen zuuersicht/es werde der allmächtig GOtt jhm solches nicht verhängen/ vnnd werde Ewer

Maie-

Maiestät jhre Vätterliche Erbländer/in eines solchen Verderbers Hand nimmermehr kommen lassen.

Hiebey wollen wir auch offentlich widersprochen/vnnd vor E. Mait. ja vor Gott vnd seinen Engeln protestiert vnd bezeuget haben/ daß er vns fälschlich beklagt vnnd angeben/ als hetten wir gegen vnd wider E. Mait. diese Kriegsrüstung angefangen/ dann solches vnser meynung noch fürnemmen nie gewest/Sintemal alles das/ so wir in dieser Welt haben/ E. Mait. gehorsam bereitet vnnd vnterworffen ist. Seind auch noch der zeit/wie vnsere Voreltern bißhero je vnd allweg gegen E. Mait. hochlöblichsten Vorfahren mit der that beweiset/ wir nicht weniger bey E. Mait. vnd wider derselbigen Feind/ Leib vnd Leben/Gut vnd Blut/vnuerdrossen auffzusetzen/vnd sonst alle vnterthänige Dienst zuleisten/willig vnd vhrbütig.

Hergegen sind wir nit in Abrede/sondern bekennen/daß wir vns auß tringender not wider die grossen Tyranney vnnd newerungen des Hertzogen von Alba vnnd seines Anhangs/ mit gewaffneter Hand gesetzt/ vnd ferner zuthun getrungen werden/ Auff daß wir vnsere Weib vnd Kindlein/vnser Gut vnd Blut/von seiner Blutdürstigen Diener Handen erledigen/ Oder aber/ da wir sie seinem gewalt zu schwach sein/ viel lieber ehrlich sterben/vñ vnsern Nachkommen ein gut Exempel hinter vns verlassen möchten/ Dañ daß wir vnsern Halß einem solchen Tyrannen vertrawen/ vnnd vnser liebes Vatterland in ein erbärmliche Dienstbarkeit bringen solltē/ Dardurch wurde erfolgen/ daß wir nicht allein für scham vnnd spott an andern orten vnsere Augen nicht auffheben/ sondern auch E. Mait. vnd dieser Landen wolfahrt schmälerten vnnd verhinderten.

Diesem

XXXIX.

Diesem allem nach sind alle Stätt sämptlich/ vnd inn sonderheit bedacht vnnd entschlossen/ alle eusserste belägerungen vnd betrangnuß außzuwarten/ bey einander/ vñ eine nach der andern/ wo es von nöten/ alles zuwagen/ not vnd kummer zu leiden/ Gut vnnd Blut zuuerlieren/ ja auch das Fewer in jre eigene Häuser zuwerffen/ vnd also zusterben vnnd zugenesen/ ehe/ vnnd zuuor sie sich vnter dieser Tyrannen gehorsam vnd Dienstbarkeit ergeben wöllen. Vnd dieses darumb/ dieweil vns vnverborgen/ daß bey einem solchen wütenden Tyrannen (der vns hiebeuor so grewlich gedräwet/ gewitziget/ vnd nie kein Eydespflicht glauben/ oder Zusagung gehalten) kein Gnad noch Barmhertzigkeit zugewarten ist. Viel lieber wolte er die fliessende Wasser vnnd Bäche mit vnserm Blut färben/ vnd alle Galgen vnd Bäum/ so im Land sein/ mit vnsern Leichnamen behencken/ dann daß er von seinem Blutgirigem fürsatz/ vnd gefasten zorn solte abweichen.

Hierauff/ vnd auß jetzt erzelten erheblichen vrsachen/ so fallen E. Mait. wir zu Fuß/ vnd bitten dieselbige in GOttes Namen/ der E. Mait. die Königliche Kron auff den Kopff gesetzt/ vnd den Scepter in die Hand geben/ sie wolle doch einmal vnsere angst/ jammer vnnd not mit barmhertzigen Augen ansehen/ vnd jre Ohren zu vnsern billichen notwendigen klagen vñ schreyen/ gnädiglich neigē/ Wir begeren je nit von E. Mai. gebürlichen gehorsam abzuweichen/ Allein ist vnser vnderthänigst demütigst bitt/ daß wir vnsers Gewissen vor Gott möchten gefreyet bleiben: daß wir sein H. reines Wort hören/ demselben nachfolgen/ vñ am Jüngsten tag dem aller obristen Richter von vnsern Seelē rechnung geben möchten. Vnnd damit wir solches köndten vnnd möchten geniessen/ so wolle doch E. Mait. vnser armes Vatterland/ welches in E.

F   Mait.

Mait. getrewen Diensten/je vnd allweg bereit vnd willig gewesen/vñ noch ist/einmal von dem Last vñ Bürde/des Spanischen Kriegßuolcks/vnnd frembden Nationen entledigen/ vnd dasselbig bey den Priuilegien/Freyheiten vnd Herkommen/wie solches E. Mait. Vorfahren/weiland der Großmächtigst Keiser Carl/ E. Mait. Herr Vatter hochlöblichster Gedächtnuß/ vnd auch E. Mait. selbst geschworen vnnd zugesagt haben/schützen/handhaben vnnd bleiben lassen/ Als dann sind wir bereit vnnd willig / auff E. Mait. Befehl / die Waffen nit allein abzulegẽ / sonder vns mit allem dem jenigẽ so vns Gott auff dieser Welt bescheret hat/ zu Wasser/ zu Land/ oder wohin E. Mait. vns bescheiden wirdt/ in derselbigen dienst gebrauchen zulassen / Der gewißlichen hoffnung/ in dem Werck zuerzeigen/daß wir auß vnserer Voreltern art nicht geschlagen / sondern verhoffen viel mehr derselbigen E. Mait. getrew erzeigte Dienst/ zu vbertreffen / Welches dann hiemit E. Mait. wir vor Gott dem Allmächtigen an Eydstatt schweren vnd verheissen/Also/ vnd dergestalt/daß Gott vnsern Seelen anderer gestalt nicht gnädig seye/ dann wie es von grundt vnsers Hertzen vnser entlicher will vnd meinung ist/ Mit angehängter demütigster Bitte/ daß dieser vnser hochbetewerter Eyd/bey allen Königen/Potentaten/Fürsten vnnd Nationen / verkündiget vnd außgebreitet werde/damit menniglich ein wissen haben möge/daß wir vnsern König mit nichten Rebell noch vngehorsam seyen/ Sonder daß wir auß hochtringender not zu der Defension vnd Gegenwehr/wider jrer Maiestät Feinde/ vnd eingeführte mißbräuch/ getrungen worden sind.

   Beschließlichen bitten wir alle Christliche Fürsten vnd Potentaten / daß sie ein Christliches mittleiden mit vns tragen/

gen / vnd vnsere jetzt erzelte angst vnd not behertzigen wollen/
vnnd nach dem wir leider besorgen / ja wol wissen / daß diese vnsere Supplication / gleich wie hiebeuor zum offtermal
geschehen / abermal von vnsern Mißgönnern hinterhalten/
vntergedruckt / vnnd nicht in vnsers Königs Hände kommen
wirdt / so wollen sie doch vnsere sach befürdern / vnd jrer Maiestät vnser flehen vnd bitten / an vnd fürtragen / auff daß doch
einmal die bißher vertruckte Warheit ans Liecht komme / vnd
jre Maiestät von wegen so viel vnschuldiges Bluts / so durch
die Albanische Tyranney vergossen worden / vor Gott dem
Allmächtigen entschüldigt werden möge. Das wollen wir
gegen allen / vnnd einem jeden innsonderheit / mit vnserm armen Gebett / vor dem Angesicht Gottes / zu jrer zeitlichen
vnd ewigen Wolfart eingedenck seyen / vnd sonst
zu allen zeiten / in aller vnderthänigkeit
zuuerdienen vns befleis-
sigen.

ENDE.